Aprendizaje Automático en Acción

Un Libro Para El Lego

Alan T. Norman

Traductora: Sebastian Bolivar

Consigue tus **ballenas Bitcoin gratis: Tipos que engañaron al mundo con** el Libro de Bonos

(Detalles al final de este libro.)

Tabla de Contenido

POR QUE ESCRIBI ESTE LIBRO

Bienvenidos al mundo del aprendizaje automático!

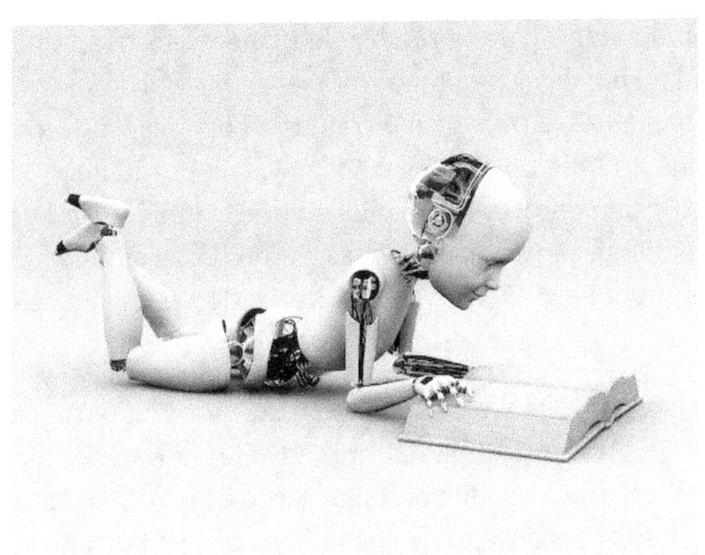

La inteligencia artificial está preparada para cambiar el curso de la historia humana, quizás más que cualquier otra tecnología. Una gran parte de esa revolución es el aprendizaje automático.

El aprendizaje automático es la ciencia de enseñar a las computadoras a hacer predicciones basadas en datos. En un nivel básico, el aprendizaje automático implica dar a una computadora un conjunto de datos y pedirle que haga una predicción. Al principio, la computadora tendrá muchas predicciones incorrectas. Sin embargo, en el transcurso de miles de predicciones, la computadora actualizará su algoritmo para hacer mejores predicciones.

Este tipo de computación predictiva solía ser imposible. Las computadoras simplemente no podían almacenar suficientes datos o procesarlos lo suficientemente rápido como para aprender de manera efectiva. Ahora, cada año, las computadoras se están volviendo más inteligentes a un ritmo rápido. Los avances en el almacenamiento de datos y la potencia de procesamiento están impulsando esta tendencia hacia máquinas más inteligentes. Como resultado, las computadoras de hoy están haciendo cosas que eran impensables hace solo una o dos décadas.

El aprendizaje automático ya está afectando tu vida diaria. Amazon utiliza el aprendizaje automático para predecir qué productos querrá comprar. Gmail lo usa para filtrar mensajes de spam de su bandeja de entrada. Sus recomendaciones de películas en Netflix se basan en algoritmos de aprendizaje automático.

Sin embargo, los impactos del aprendizaje automático no se detienen allí. Los algoritmos de aprendizaje automático están haciendo predicciones en todo tipo de industrias, desde la agricultura hasta la atención médica. Además, sus impactos se sentirán en nuevas industrias y formas cada año. A medida que surjan estas nuevas aplicaciones de aprendizaje automático, las aceptaremos gradualmente como parte de la vida normal. Sin embargo, esta nueva dependencia de las máquinas inteligentes es un punto de inflexión en la historia de la tecnología y la tendencia solo se está acelerando.

En el futuro, el aprendizaje automático y la inteligencia artificial generalmente impulsarán la automatización de muchas tareas que los humanos hacen hoy en día. Los automóviles autónomos dependen del aprendizaje automático para el reconocimiento de imágenes y serán cada vez más parte del transporte, al igual que los camiones autónomos y otros vehículos para transportar mercancías. Gran parte de la agricultura y la fabricación ahora está automatizada, por lo que el aprendizaje automático proporciona los alimentos que consumimos y los bienes que utilizamos. La tendencia hacia la automatización solo se está acelerando. Otras aplicaciones de aprendizaje automático podrían cambiar fundamentalmente los trabajos que los humanos hacen día a día a medida que las máquinas se vuelven más hábiles para administrar procesos y completar el trabajo de conocimiento.

Dado que el aprendizaje automático tendrá un impacto tan profundo en la vida cotidiana, es importante que todos tengan acceso a información sobre cómo funciona. Por eso escribí este libro. El panorama actual para la información de aprendizaje automático está dividido.

Primero, hay explicaciones para el público en general que simplifican los conceptos. Estos explicadores hacen que el aprendizaje automático parezca algo que solo un experto podría entender.

En segundo lugar, están los documentos técnicos escritos por expertos para expertos. Excluyen al público en general con jerga y complejidad. Obviamente, escribir y ejecutar un algoritmo de aprendizaje automático es una hazaña técnica enorme y estas explicaciones técnicas son importantes. Sin embargo, hay un vacío en la literatura actual sobre el aprendizaje automático.

¿Qué pasa con el laico que realmente quiere entender esta revolución tecnológica, no necesariamente para escribir código sino para comprender los cambios que ocurren a su alrededor? Comprender los conceptos centrales del aprendizaje automático no debe limitarse a una élite tecnológica. Estos cambios nos afectarán a todos. Tienen consecuencias éticas, y es importante que el público conozca todos los beneficios y desventajas del aprendizaje automático.

Por eso escribí este libro. Si eso te parece interesante, espero que lo disfrutes.

ESTE LIBRO NO ES SOBRE ALGORITMOS DE APRENDIZAJE DE MAQUINAS DE CODIFICACIÓN

Si el manifiesto de una introducción no fue lo suficientemente claro: este no es un libro sobre codificación. No está destinado a los informáticos a aprender sobre cómo crear algoritmos de aprendizaje automático.

Por un lado, no estoy calificado para escribir un libro como ese. Las personas pasan años aprendiendo las complejidades de escribir algoritmos y redes de capacitación. Hay programas de doctorado completos que exploran los bordes del campo, basándose en álgebra lineal y estadísticas predictivas. Si profundiza en los detalles del aprendizaje automático y le encanta lo suficiente como para obtener un doctorado, podría ganar fácilmente $ 300k- $ 600k trabajando para una importante empresa de tecnología. Así de raras y valiosas son estas habilidades.

No tengo esas calificaciones, y creo que eso es algo bueno. Si recogió este libro, significa que es un principiante interesado en el aprendizaje automático. Probablemente no sea técnico, o si lo es, está buscando un libro fundamental para comenzar con los conceptos básicos. Como escritor de tecnología, estoy constantemente aprendiendo sobre tecnologías. Soy estudiante de aprendizaje automático y recuerdo lo que es ser principiante. Puedo ayudar a explicar los conceptos básicos de manera que sean fáciles de entender. Una vez que haya leído este libro, tendrá una sólida comprensión de los principios básicos que facilitarán el paso a un libro más avanzado si desea obtener más información.

Dicho esto, si sientes que ya entiendes los principios básicos o si realmente quieres un libro que pueda enseñarte los aspectos básicos de la escritura y el entrenamiento de un algoritmo de aprendizaje automático, probablemente este no sea el libro para ti.

UN LIBRO PARA EL LAICO

El objetivo real de este libro es ser una introducción fácil de leer al aprendizaje automático. Mi objetivo es escribir un libro que cualquiera pueda leer, sin dejar de ser fiel a los principios del aprendizaje automático y no de conceptos tontos. Confío en la inteligencia de mis lectores, y no creo que un libro para principiantes necesariamente tenga que sacrificar la complejidad y los matices. Dicho esto, este no es un gran libro, y no es ni mucho menos exhaustivo. Los interesados en el tema querrán profundizar en otros libros e investigaciones.

En este libro, veremos los conceptos básicos y los tipos de aprendizaje automático. Investigaremos cómo funcionan. Luego, exploraremos los problemas de los conjuntos de datos y escribiremos y formaremos un algoritmo. Finalmente, veremos algunos casos de uso del mundo real para el aprendizaje automático y lugares donde el aprendizaje automático podría usarse a continuación.

Una vez más, bienvenido al aprendizaje automático. Vamos a sumergirnos en...

CAPÍTULO 1. QUÉ ES EL APRENDIZAJE AUTOMÁTICO?

El objetivo de este primer capítulo es establecer un marco para el resto de lo que leerá en este libro. Aquí, detallaremos los conceptos básicos que exploraremos con mayor detalle en capítulos futuros. Este libro se basa en sí mismo, y este capítulo es básico.

Dicho esto, el lugar lógico para comenzar es definir a qué nos referimos cuando hablamos de aprendizaje automático.

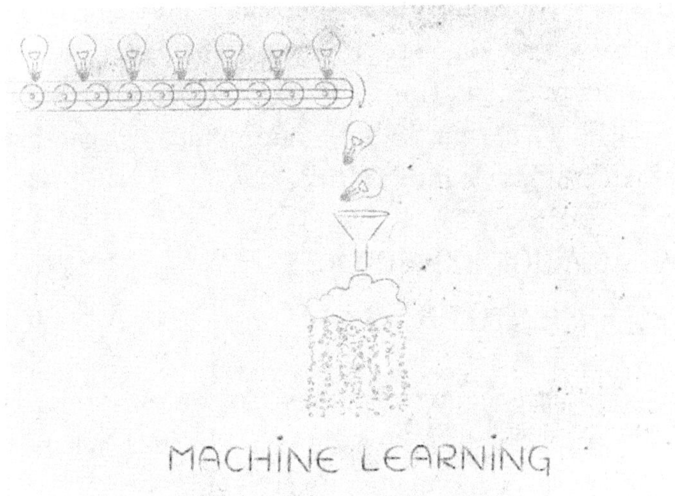

Mi definición simple es la siguiente: El aprendizaje automático permite que una computadora aprenda de la experiencia.

Eso puede sonar trivial, pero si rompe esa definición, tiene profundas implicaciones.

Antes del aprendizaje automático, las computadoras no podían mejorar desde la experiencia. En cambio, lo que dice el código es lo que hizo la computadora.

El aprendizaje automático, en su explicación más simple, implica permitir que una computadora varíe sus respuestas e introducir un ciclo de retroalimentación para respuestas buenas y malas. Esto significa que los algoritmos de aprendizaje automático son fundamentalmente diferentes de los programas informáticos que los precedieron. Comprender la diferencia entre la programación explícita y el entrenamiento de algoritmos es el primer paso para ver cómo el aprendizaje automático cambia fundamentalmente la informática.

PROGRAMACIÓN EXPLÍCITA VS. ENTRENAMIENTO DE ALGORITMO

Con algunas excepciones recientes, casi todas las piezas de software que ha utilizado en su vida se han programado explícitamente. Eso significa que algún humano escribió un conjunto de reglas para que la computadora las siga. Todo, desde el sistema operativo de su computadora, hasta Internet, hasta las aplicaciones en su teléfono, tiene un código que un humano escribió. Sin los humanos dando a una computadora un conjunto de reglas para actuar, la computadora no podría hacer nada.

La programación explícita es genial. Es la columna vertebral de todo lo que hacemos actualmente con las computadoras. Es ideal para cuando necesita una computadora para administrar datos, calcular un valor o hacer un seguimiento de las relaciones por usted. La programación explícita es muy poderosa, pero tiene un cuello de botella: el humano.

Esto puede ser problemático cuando queremos hacer cosas complejas con una computadora, como pedirle que reconozca una foto de un gato. Si tuviéramos que usar programación explícita para enseñarle a una computadora qué buscar en un gato, pasaríamos años escribiendo código para cada contingencia. ¿Qué pasa si no puedes ver las cuatro patas en la foto? ¿Qué pasa si el gato es de un color diferente? ¿Podría la computadora elegir un gato negro sobre un fondo negro o un gato blanco en la nieve?

Estas son todas las cosas que damos por sentado como humanos. Nuestros cerebros reconocen las cosas rápida y fácilmente en muchos contextos. Las computadoras no son tan buenas en eso, y se necesitarían millones de líneas de código explícito para decirle a una computadora cómo identificar un gato. De hecho, es posible que no sea posible programar explícitamente una computadora para identificar al 100% con precisión a los gatos, porque el contexto siempre puede cambiar y estropear su código.

Aquí es donde entran en juego los algoritmos. Con la programación explícita intentamos decirle a la computadora qué es un gato y tener en cuenta cada contingencia en nuestro código. En contraste, los algoritmos de aprendizaje automático le permiten a la computadora descubrir qué es un gato.

Para comenzar, el algoritmo puede contener algunas características clave. Por ejemplo, podríamos decirle a la computadora que busque cuatro patas y una cola. Luego, alimentamos el algoritmo con muchas imágenes. Algunas de las imágenes son gatos, pero otras pueden ser perros, árboles o imágenes aleatorias. Cuando el algoritmo hace una suposición, reforzaremos las suposiciones correctas y daremos comentarios negativos por las suposiciones incorrectas.

Con el tiempo, la computadora usará el algoritmo para construir su propio modelo de qué buscar para identificar a un gato. Los componentes en el modelo de la computadora pueden ser cosas en las que ni siquiera pensamos al principio. Con más refuerzo y miles de imágenes, el algoritmo mejorará gradualmente en la identificación de gatos. Es posible que nunca alcance el 100% de precisión, pero será lo suficientemente preciso como para reemplazar una etiqueta de imagen de gato humano y será más eficiente.

Los algoritmos son pautas, pero no son reglas explícitas. Son una nueva forma de decirle a una computadora cómo abordar una tarea. Presentan bucles de retroalimentación que se corrigen automáticamente en el transcurso de cientos o miles de pruebas en una tarea.

DEFINICIONES: INTELIGENCIA ARTIFICIAL VS. APRENDIZAJE AUTOMÁTICO VS REDES NEURALES

Este libro trata sobre el aprendizaje automático, pero ese término se ajusta a un contexto más amplio. Dado que el aprendizaje automático está creciendo en popularidad, está recibiendo mucha cobertura de noticias. En esos artículos, los periodistas a menudo usan los términos inteligencia artificial, aprendizaje automático y redes neuronales de manera intercambiable. Sin embargo, hay ligeras variaciones entre los tres términos.

Artificial Intelligence

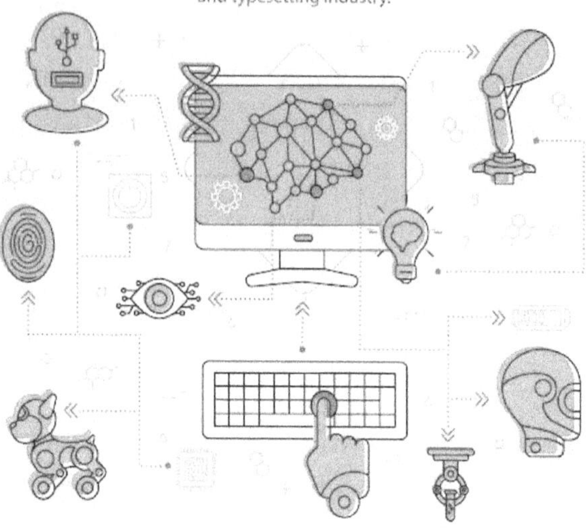

La inteligencia artificial es el más antiguo y más amplio de los tres términos. Acuñada a mediados del siglo XX, la inteligencia artificial se refiere a cualquier momento en que una máquina observa y responde a su entorno. La inteligencia artificial contrasta con la inteligencia natural en humanos y animales. Con el tiempo, sin embargo, el alcance de la inteligencia artificial ha cambiado. Por ejemplo, el reconocimiento de caracteres solía ser un gran desafío para la IA. Ahora, es una rutina y ya no se considera parte de la IA. A medida que descubrimos nuevos usos para la IA, los integramos en nuestro marco de referencia para lo que es normal, y el alcance de la IA se extiende a lo que sea que sea la próxima novedad.

El aprendizaje automático es un subconjunto específico de IA. Ya hemos pasado algún tiempo definiéndolo en este capítulo, pero se refiere a darle a la máquina un ciclo de retroalimentación que le permite aprender de la experiencia. Como término, el aprendizaje automático solo existe desde la década de 1980. Recientemente, en los últimos 10-15 años, hemos tenido el poder de procesamiento y almacenamiento de datos para realmente comenzar a implementar el aprendizaje automático a escala.

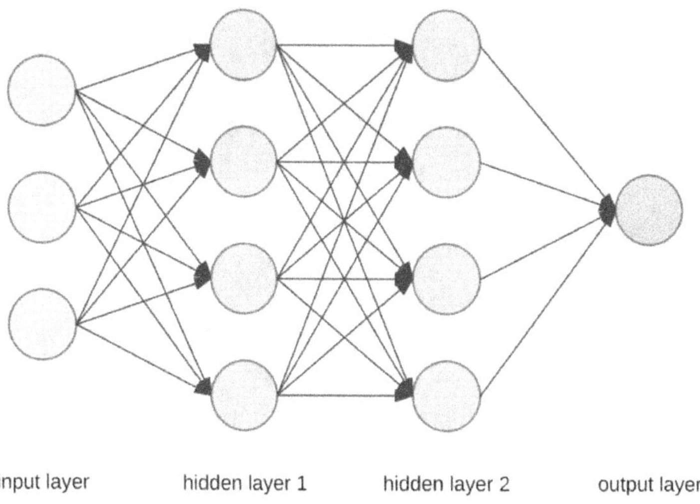

Las redes neuronales son un subconjunto del aprendizaje automático y son la tendencia más popular en la industria en este momento. Una red neuronal consta de muchos nodos que trabajan juntos para producir una respuesta. Cada uno de los nodos más bajos tiene una función específica. Por ejemplo, al mirar una imagen, los nodos de bajo nivel pueden identificar colores o líneas específicos. Los nodos posteriores pueden agrupar las líneas en formas, medir distancias o buscar densidad de color. Cada uno de estos nodos se pondera por su impacto en la respuesta final. Al principio, la red neuronal cometerá muchos errores, pero en el transcurso de muchas pruebas actualizará la ponderación de cada nodo para mejorar la búsqueda de la respuesta correcta.

Ahora, cuando lea un artículo sobre inteligencia artificial, aprendizaje automático o redes neuronales, comprenderá la diferencia. La clave es darse cuenta de que son subconjuntos. Las redes neuronales son solo un tipo de aprendizaje automático que a su vez es solo una parte de la inteligencia artificial.

CONCEPTOS BÁSICOS

El aprendizaje automático puede implementarse en muchos casos de uso. Mientras haya datos importantes para analizar, el aprendizaje automático puede ayudar a darle sentido. Como tal, cada proyecto de aprendizaje automático es diferente. Sin embargo, hay cinco partes centrales de cualquier aplicación de aprendizaje automático:

1. EL PROBLEMA

El aprendizaje automático es útil en cualquier lugar donde necesite reconocer patrones y predecir comportamientos basados en datos históricos. Reconocer patrones podría significar cualquier cosa, desde el reconocimiento de caracteres hasta el mantenimiento predictivo y la recomendación de productos a los clientes en función de compras anteriores.

Sin embargo, la computadora no comprende inherentemente los datos o el problema. En cambio, un científico de datos tiene que enseñarle a la computadora qué buscar usando la retroalimentación adecuada. Si el científico de datos no define bien el problema, incluso el mejor algoritmo capacitado en el conjunto de datos más grande no arrojará los resultados que desea.

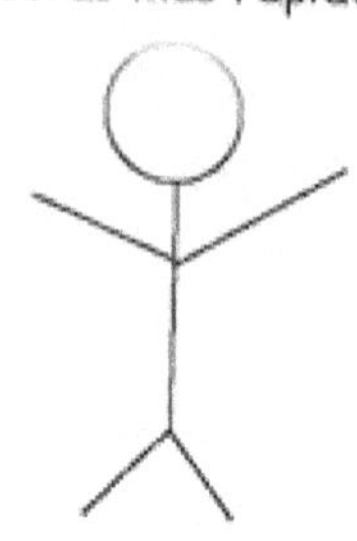

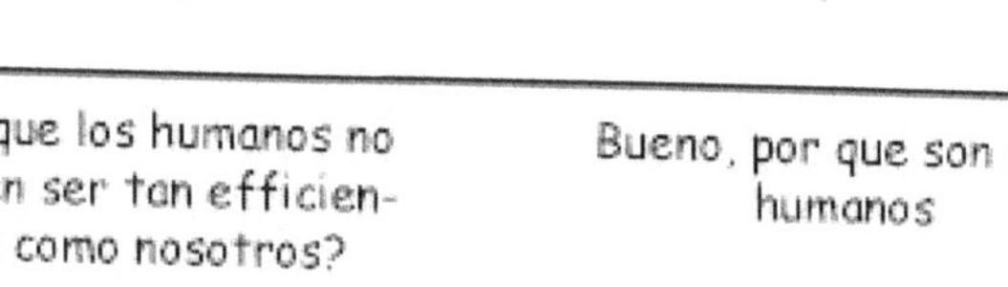

Está claro que el aprendizaje automático aún no es adecuado para el razonamiento simbólico de alto nivel. Por ejemplo, un algoritmo puede identificar una canasta, huevos coloridos y un campo, pero no podría decir que es una búsqueda de Huevos de Pascua, como lo haría la mayoría de los humanos.

Por lo general, los proyectos de aprendizaje automático tienen un problema muy estrecho y específico para el que están encontrando una respuesta. Un problema diferente requerirá un nuevo enfoque y posiblemente un algoritmo diferente.

2. EL DATA

El aprendizaje automático es posible a gran escala debido a la cantidad de datos que hemos comenzado a recopilar en los últimos años. Esta revolución de Big Data es la clave que ha desbloqueado el entrenamiento complejo de algoritmos. Los datos están en el centro del ajuste de un algoritmo de aprendizaje automático para dar la respuesta correcta.

Dado que los datos son tan centrales para el aprendizaje automático, los resultados son un reflejo directo de las entradas. Si hay un sesgo dentro de los datos, el algoritmo de aprendizaje automático aprenderá a estar sesgado. Por ejemplo, los predictores de contratación de solicitantes, las recomendaciones de sentencias judiciales y el diagnóstico médico están utilizando el aprendizaje automático, y todos tienen cierto nivel de sesgo cultural, de género, raza, educación u otro sesgo integrado en los conjuntos de datos que los capacitan.

El sesgo se extiende más allá del prejuicio en la recopilación de datos. A veces, los datos confunden un algoritmo de otras maneras. Considere el caso de un modelo militar de aprendizaje automático entrenado para buscar tanques camuflados en un bosque. Los científicos de datos entrenaron el algoritmo en un conjunto de imágenes, algunas de las cuales tenían tanques en los árboles y otras que solo tenían árboles. Después del entrenamiento, el modelo obtuvo una precisión casi perfecta en las pruebas que realizaron los científicos de datos. Sin embargo, cuando el modelo entró en producción, no funcionó para identificar tanques. Resulta que, en el conjunto de datos de entrenamiento, las imágenes de los tanques se tomaron en un día soleado, mientras que las imágenes solo en el bosque se tomaron en un día nublado. ¡El algoritmo había aprendido a identificar los días soleados y los nublados, no los tanques!

Ningún conjunto de datos es perfecto, pero podemos tomar precauciones para que sean menos sesgados. Las precauciones clave provienen de las estadísticas. Cuando sea posible, los datos deben ser una muestra aleatoria de la población objetivo. El tamaño de la muestra debe ser lo suficientemente grande como para poder sacar conclusiones significativas de los resultados con un alto nivel de confianza. Los datos deben etiquetarse y limpiarse con precisión para detectar puntos de datos erróneos / periféricos que puedan inducir a error al algoritmo.

Tenemos un capítulo completo sobre los datos, donde exploraremos estos problemas con mayor profundidad.

3. LOS ALGORITMOS

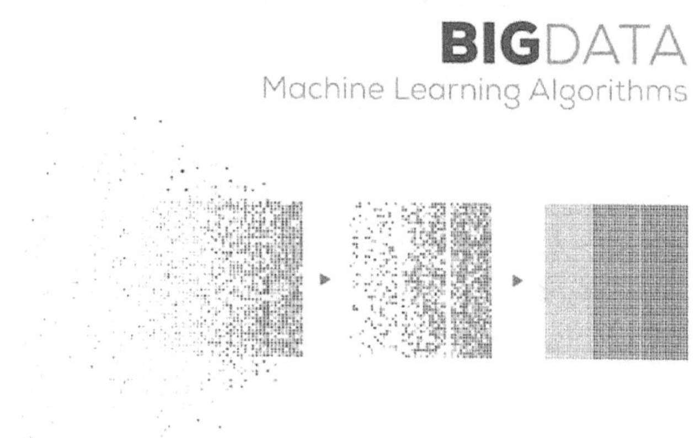

Los algoritmos son el componente principal en el que las personas piensan cuando hacen referencia al aprendizaje automático. Este es el código real que le dice a la computadora qué buscar y cómo ajustar su ponderación de las posibles respuestas en función de las respuestas que recibe.

Hay muchos algoritmos de aprendizaje automático bien establecidos en este momento. Muchos de estos vienen precargados en bibliotecas populares de codificación de ciencia de datos. Crear un modelo básico de aprendizaje automático es tan simple como probar múltiples algoritmos pre-creados para ver cuál se ajusta mejor a los datos. Cada modelo tiene sus propias fortalezas, debilidades, arquitectura y un enfoque único para ponderar los resultados.

Si usted es un programador que lee este libro y piensa entrar en el aprendizaje automático, no cometa el error de escribir algoritmos desde cero. Eventualmente, sí, cualquier buen experto en aprendizaje automático necesitará saber cómo escribir un algoritmo. Sin embargo, los algoritmos estándar se están convirtiendo en estándares de la industria y funcionan en más del 80% de los casos de uso.

Escribir un algoritmo desde cero requiere habilidades matemáticas, teóricas y de codificación significativas. También tendremos un capítulo completo sobre algoritmos y cómo funcionan. Baste decir que los algoritmos son la clave para un modelo de aprendizaje automático que funcione.

4. El Entrenamiento

Entrenar un algoritmo en un conjunto de datos es donde ocurre la magia en el aprendizaje automático. Es la parte donde la máquina realmente aprende. También es la parte donde el aprendizaje automático puede convertirse en un recurso intensivo. Si está intentando hacer algo complejo o entrenar un algoritmo en un gran conjunto de datos, puede llevar tiempo y una potencia informática considerable obtener los resultados que desea.

El entrenamiento también generalmente viene con rendimientos decrecientes. Para una tarea determinada con una respuesta de sí / no, es probable que pueda obtener una precisión del 80% con una pequeña cantidad de entrenamiento. Llegar al 90% llevaría mucho más tiempo. 95% incluso más, y cada porcentaje adicional de precisión del modelo que desea más entrenamiento (y datos de entrenamiento) necesitará. El ajuste de este algoritmo para la precisión es una parte importante del trabajo de un científico de datos.

Por lo general, el entrenamiento de aprendizaje automático es estático, lo que significa que no puede entrenar el modelo en tiempo real. Esto significa que el modelo está en formación o en producción. Con más uso en la producción, el modelo no mejora. Si desea mejorar el modelo, deberá volver a entrenarlo por separado.

Sin embargo, es posible entrenar dinámicamente un modelo. Estas aplicaciones son mucho más difíciles y caras de implementar. También requieren que supervise constantemente los datos en tiempo real que recibe el algoritmo. La ventaja, por supuesto, es que el modelo sigue respondiendo a los datos entrantes y no pasa de moda con el tiempo.

Otro desafío es que, durante la fase de entrenamiento, el algoritmo busca correlación, no causalidad. Un gran ejemplo de esto es el detector de camuflaje de tanques militares que mencioné anteriormente. El algoritmo encontró que los días nublados se correlacionaron con la obtención del resultado correcto. La capacitación enseña el algoritmo para buscar el resultado correcto, incluso a expensas de las razones correctas. Esto es genial cuando el aprendizaje automático señala una variable que se correlaciona con los resultados correctos que previamente no habíamos pensado buscar. Es problemático cuando esa correlación resulta ser un falso positivo de algún tipo.

También tendremos un capítulo completo sobre entrenamiento de algoritmos más adelante en este libro. Este capítulo es solo un resumen de los conceptos básicos para comenzar.

5. LOS RESULTADOS

El paso final, a menudo pasado por alto del aprendizaje automático es presentar los resultados. El objetivo del aprendizaje automático es producir datos útiles para los seres humanos. El científico de datos debe hacer mucho trabajo para explicar el contexto, el problema y la solución de una aplicación de aprendizaje automático. Además de responder cómo y por qué funciona el modelo, los científicos de datos también deben presentar los resultados de manera accesible para el público final.

En el caso del filtro de spam de Gmail, eso significa demostrar el valor de reducción de spam del filtro de aprendizaje automático y construir una integración para el modelo en la plataforma de Gmail. Para las recomendaciones de productos de Amazon, eso significa probar los resultados del modelo en el mundo real.

A menudo, el acto de preparar y usar los resultados descubrirá algo que faltaba en el modelo original. Por lo tanto, los proyectos de aprendizaje automático a menudo son iterativos, agregan más funcionalidades y combinan varios modelos a lo largo del tiempo para satisfacer las necesidades de los seres humanos en el mundo real.

APRENDIZAJE SUPERVISADO VS NO SUPERVISADO

El aprendizaje automático puede ser supervisado, no supervisado o semi-supervisado. Las diversas categorías dependen del tipo de datos y sus objetivos sobre qué hacer con esos datos.

Aprendizaje Automático

La computadora recibe ejemplos de entradas y salidas típicas que utiliza para desarrollar y refinar un algoritmo. El algoritmo se aplica a nuevos datos y el resultado se utiliza para un mayor refinamiento.
P.ej. Entrenar una computadora para reconocer y clasificar objetos similares

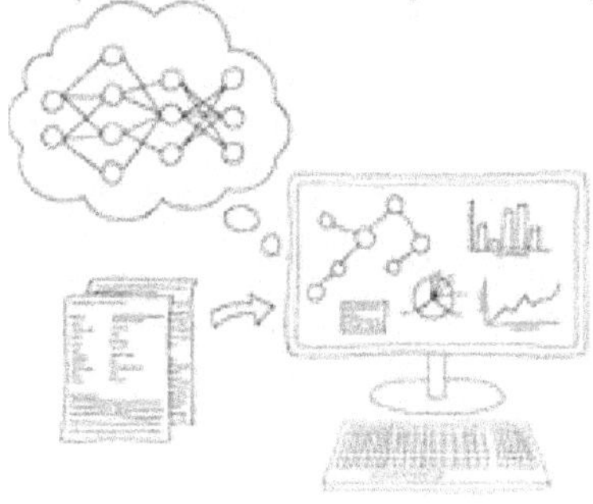

Aprendizaje Automático Sin Supervisión

El aprendizaje automático no supervisado es similar al aprendizaje sin un maestro. La computadora aprende explorando los datos y encontrando estructuras y patrones de datos por si misma
P.ej. Aprender a detectar patrones en los datos del cliente basados en el comportamiento de compra.

APRENDIZAJE SUPERVISADO

El aprendizaje supervisado es el enfoque más utilizado y mejor entendido para el aprendizaje automático. Implica una entrada y salida para cada pieza de datos en su conjunto de datos. Por ejemplo, una entrada podría ser una imagen y la salida podría ser la respuesta a "¿es esto un gato?"

Con el aprendizaje supervisado, el algoritmo necesita un conjunto de datos de capacitación etiquetado con las respuestas correctas para poder aprender. Esas etiquetas actúan como un maestro que supervisa el aprendizaje. A medida que el algoritmo adivina si hay o no un gato en la imagen, los comentarios del profesor (las etiquetas) ayudarán al modelo a afinarse. El modelo deja de aprender cuando alcanza un nivel aceptable de precisión o se queda sin datos de entrenamiento etiquetados.

El aprendizaje supervisado es ideal para tareas donde el modelo necesita predecir resultados. Estos problemas de predicción podrían involucrar el uso de estadísticas para adivinar un valor (por ejemplo, 20 kg, $ 1,498, .08 cm) o categorizar datos basados en clasificaciones dadas (por ejemplo, "gato", "verde", "feliz").

Aprendizaje Sin Supervisión

Usamos el término aprendizaje no supervisado cuando el conjunto de datos de capacitación no tiene etiquetas con una respuesta correcta. En cambio, permitimos que el algoritmo saque sus propias conclusiones comparando los datos consigo mismo. El objetivo es descubrir algo sobre la estructura o distribución subyacente del conjunto de datos.

El aprendizaje no supervisado se puede usar para problemas de agrupamiento, donde los datos deben organizarse en grupos similares. También podemos usarlo para problemas de asociación para averiguar qué variables se correlacionan entre sí.

APRENDIZAJE SEMI-SUPERVISADO

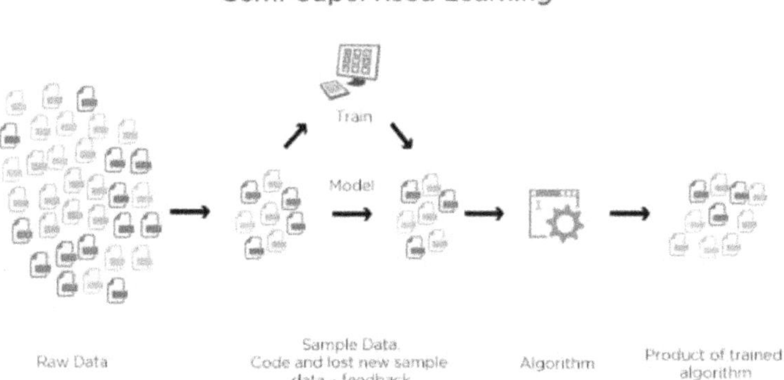

En muchos casos, solo parte del conjunto de datos está etiquetado, y ahí es donde entra el aprendizaje semiestructurado. Cuando la mayoría del conjunto de datos no está marcado, generalmente debido al costo de contratar humanos para etiquetar los datos, aún podemos usar una combinación de técnicas supervisadas y no supervisadas para sacar conclusiones de los datos.

El aprendizaje no supervisado puede ayudarnos con la estructura y distribución del conjunto de datos. Luego, podemos usar las pocas etiquetas que tenemos como datos de capacitación supervisados. Si usamos esos datos en el resto del conjunto de datos, podríamos usar los resultados como datos de capacitación para un nuevo modelo.

¿QUÉ PROBLEMAS PUEDE RESOLVER EL APRENDIZAJE AUTOMATICO?

Echemos un vistazo a algunos problemas de ejemplo que el aprendizaje automático puede abordar:

- Los clientes que compraron x, es probable que compren y
- Detección de fraude basada en datos históricos
- Predicción de acciones y comercio automatizado
- Identificar enfermedades en imágenes médicas
- Reconocimiento de voz para controles de voz
- Predicción de clasificaciones de cata de vino basadas en datos de viñedos y clima
- Predicción del gusto en la música o programas de televisión (Spotify, Netflix)
- Química combinatoria para crear nuevos productos farmacéuticos
- Diagnóstico de mantenimiento de aeronaves
- Determinación de emociones e incidentes cada vez mayores en llamadas de atención al cliente
- Autos autónomos (reconocimiento de objetos en la carretera)
- Reconocimiento facial
- Marketing y publicidad con micro-objetivos basados en datos demográficos

- Pronóstico del tiempo basado en patrones pasados.

Básicamente, cualquier aplicación que implique clasificación, predicción o detección de anomalías basadas en un gran conjunto de datos es un uso potencial para el aprendizaje automático. El aprendizaje automático está entrando rápidamente en todos los aspectos de nuestras vidas y en los próximos años será una tecnología fundamental en la sociedad, de alguna manera como Internet hoy.

La Caja Negra: Lo Que No Sabemos Sobre El Aprendizaje De Máquinas

Si lees sobre el aprendizaje automático, especialmente las redes neuronales y el aprendizaje profundo, es probable que escuches referencias al aprendizaje automático como un modelo de "caja negra". Cuando hablamos de cajas negras, queremos decir que el funcionamiento interno del modelo no es exactamente claro. Por ejemplo, el cerebro humano es un tomador de decisiones de caja negra (al menos en este momento de la historia). Sabemos que ciertas partes del cerebro son responsables de ciertas funciones de la vida. Sin embargo, no entendemos realmente cómo el cerebro procesa las entradas y envía señales para crear pensamientos y acciones (salidas).

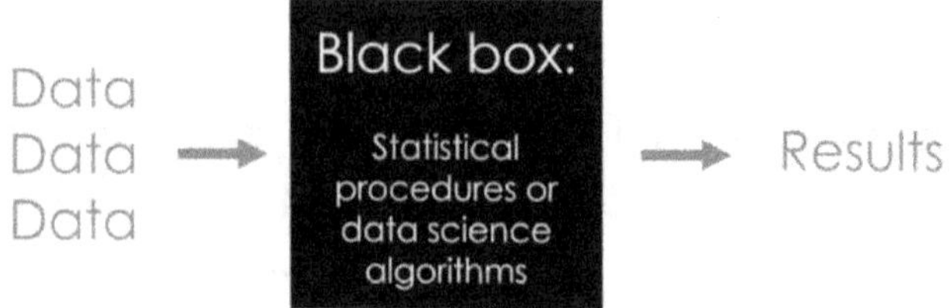

Una complejidad similar se aplica a algunos algoritmos de aprendizaje automático, especialmente aquellos que involucran múltiples capas de nodos neuronales o relaciones complejas entre muchas variables. Puede ser difícil explicar, de manera humana, qué está haciendo el algoritmo y por qué funciona.

Por supuesto, esta terminología de recuadro negro es algo incorrecta en el aprendizaje automático. De hecho, podemos entender la arquitectura, los patrones y los pesos de los diferentes nodos en un algoritmo. Por lo tanto, podemos mirar dentro del cuadro negro. Sin embargo, lo que encontramos allí podría no tener ningún sentido racional para nosotros como humanos.

Ni siquiera los principales expertos del mundo pueden explicar por qué un modelo de aprendizaje automático ha ponderado y combinado varios factores de la manera en que lo ha hecho, y en muchos sentidos depende en gran medida del conjunto de datos en el que se formó el modelo. Es posible que un algoritmo entrenado en un conjunto de datos de entrenamiento diferente pueda crear un modelo completamente diferente que aún genere resultados similares.

Para aclarar, es útil pensar en los algoritmos de aprendizaje automático (en escenarios de aprendizaje supervisado) como la búsqueda de una función tal que f (entrada) = salida. Cuando usamos el aprendizaje automático para modelar esa función, la función suele ser desordenada, compleja y es posible que no comprendamos todas las propiedades relevantes de la función. El aprendizaje automático nos permite decir exactamente qué es la función, pero es posible que no podamos comprender qué hace la función o por qué lo hace.

En ese sentido, los modelos de aprendizaje automático pueden tener problemas de caja negra donde son demasiado complejos para comprender. Pero todo el campo del aprendizaje automático no es necesariamente una caja negra.

Aun así, el hecho de que a veces no podamos entender y explicar los resultados del aprendizaje automático es preocupante. Tan rápido como crece la adopción de esta tecnología, el aprendizaje automático está entrando en partes de nuestras vidas que tienen consecuencias profundas y duraderas. Cuando una caja negra predice planes de tratamiento para enfermedades, ejecuta el piloto automático de un avión o determina sentencias de cárcel, ¿queremos estar seguros de entender cómo se toman esas decisiones? ¿O confiamos en las máquinas y los científicos detrás de los algoritmos para velar por nuestros mejores intereses?

Este es un debate en curso en el corazón de la revolución del aprendizaje automático. Por un lado, confiar en los algoritmos y modelos podría conducir a salvar vidas, mayor prosperidad y logros científicos. Sin embargo, la compensación en transparencia es real. No podremos decir definitivamente por qué nuestras predicciones son correctas, solo que el algoritmo cree que hay un 97.2% de posibilidades de que lo sean.

No tengo una respuesta que pueda atar perfectamente este debate. En su lugar, tendrá que formarse sus propias opiniones en función de los beneficios y los inconvenientes que ve en el aprendizaje automático a lo largo de este libro y otras lecturas. Si está interesado en este problema, le recomiendo el artículo "The Dark Secret at the Heart of AI" de MIT Technology Review (disponible en línea) para comenzar a aprender más.

Cada Vez Mas Profundo

Con suerte, este capítulo ha brindado una visión general amplia y fácil de digerir sobre cómo todo encaja y qué esperar de cada capítulo de componentes. En los siguientes capítulos profundizaremos en los aspectos básicos del aprendizaje automático.

CAPÍTULO 2. LIMPIEZA, ETIQUETADO Y CURADO DE BASES DE DATOS

Después de que un científico de datos defina un problema que le gustaría resolver, el primer paso en cualquier aventura de aprendizaje automático es encontrar un conjunto de datos con el que trabajar. Eso puede ser más difícil de lo que parece al principio. Si bien estamos viviendo en la era de los grandes datos, encontrar datos limpios que estén bien etiquetados para el aprendizaje supervisado con las variables necesarias podría ser un desafío.

Elegir el conjunto de datos correcto y tener suficientes datos para la capacitación es fundamental para el éxito de un proyecto de aprendizaje automático. Los datos sesgados o incompletos podrían conducir a la creación de un modelo de aprendizaje automático que sea parcial o totalmente inútil.

La buena noticia es que hay muchos datos potenciales disponibles. Por lo general, cuando un científico de datos trabaja en un entorno corporativo, la compañía ya tendrá algunos datos que desea analizar. Es posible que estos datos corporativos también deban vincularse a datos de fuentes públicas.

Por ejemplo, las imágenes satelitales de Landsat se actualizan diariamente en los Servicios de Amazon Web, y puede realizar un seguimiento de la construcción o la deforestación con un algoritmo de aprendizaje automático. La asignación de código abierto de OpenStreetMap podría formar la base de un problema de asignación de clientes. La información del censo de EE. UU. Puede proporcionar información demográfica sobre un área. Puede encontrar genomas humanos secuenciados y disponibles para investigar la variación genética. Deutsche Bank publica datos del mercado financiero en tiempo real que permitirían un proyecto de aprendizaje automático sobre las tendencias del mercado.

No faltan proyectos potenciales. Pero antes de usar todos estos datos, los científicos de datos deben asegurarse de que cumplan con algunos criterios.

LIMPIANDO EL CONJUNTO DE DATA

Esto es bastante sencillo, pero no eliminar los valores incorrectos afectará el rendimiento del modelo. El primer paso para limpiar un conjunto de datos es eliminar los registros que faltan variables clave. Luego, los métodos estadísticos simples ayudan a los investigadores a identificar y eliminar los valores atípicos. Otra información que los científicos de datos a menudo eliminan incluye cualquier momento en que varias columnas estén altamente correlacionadas. También buscan variables donde todo el conjunto de datos muestra una varianza cercana a cero.

Esta limpieza de datos a menudo puede reducir un gran conjunto de datos a una fracción de su tamaño original que en realidad se puede utilizar para el aprendizaje automático.

SE NECESITA GRANDES CONJUNTOS DE DATA PARA ML

Algunos algoritmos simples pueden aprender en un pequeño conjunto de datos. Sin embargo, si tiene un problema complejo que desea resolver con el aprendizaje automático, necesitará un gran conjunto de datos de capacitación. Hay algunas razones por las cuales este es el caso.

Los conjuntos de datos pequeños pueden funcionar con éxito para el aprendizaje automático cuando utiliza un modelo que tiene baja complejidad. Sin embargo, cuanto más matizados desee que sean sus resultados, más probabilidades tendrá de sobre ajustar el modelo a los datos. El sobreajuste es cuando el modelo hace suposiciones amplias basadas en datos limitados. Se llama sobreajuste porque el modelo se inclinará hacia puntos de datos altos, bajos o de otra manera periféricos. La respuesta verdadera podría estar en algún lugar más cerca del medio, pero dado que su conjunto de datos era limitado, el modelo sesgará la captura del mensaje y los datos de entrenamiento de ruido. En esencia, el modelo ha aprendido los datos de entrenamiento demasiado bien y no ha podido obtener una imagen general.

Con más datos, el modelo puede obtener promedios más precisos y comenzar a clasificar el ruido. Eso tiene sentido intuitivo, pero ¿cómo deciden los científicos de datos cuántos datos son suficientes?

Bueno, esa respuesta es parte de estadísticas y parte de recursos informáticos disponibles. También depende de la complejidad del algoritmo.

CURVAS DE APRENDIZAJE

Cuando los científicos de datos tienen demasiados datos, usan algo llamado curva de aprendizaje para trazar la precisión de la predicción frente al tamaño del conjunto de entrenamiento. Por ejemplo, el algoritmo puede alcanzar una precisión del 80% después de 100 muestras de entrenamiento y una precisión del 90% después de 200 muestras. Los científicos de datos pueden seguir esa curva para ver dónde se maximiza la precisión y cuántas muestras de entrenamiento necesitarán para llegar allí.

VALIDACIÓN CRUZADA

Otra consideración para saber si tiene suficientes datos es la validación cruzada. Además de los datos de entrenamiento, los científicos de datos reservaron parte del conjunto de datos original para probar si el algoritmo es exitoso. Por ejemplo, un esquema común es la validación cruzada 10 veces. El conjunto de datos original se divide en 10 grupos iguales. Se reserva un grupo y los científicos de datos entrenan el modelo utilizando los nueve grupos restantes. Luego, cuando se completa la capacitación del modelo, ejecutan el modelo en los datos que reservaron para probar la precisión con la que funciona.

La validación cruzada lleva más tiempo porque tiene que entrenar los modelos y luego ejecutarlos, a menudo comparando múltiples algoritmos para ver cuál funciona mejor. Sin embargo, el tiempo extra lo vale. La validación cruzada es esencial para construir un modelo de aprendizaje automático exitoso, ya que permite a los investigadores identificar y corregir errores al principio del proceso.

NECESITA ESTAR BIEN ETIQUETADA

Para el aprendizaje no supervisado, todo lo que necesita es un buen conjunto de datos grande. A partir de ahí, puede sacar algunas conclusiones sobre tendencias o grupos en los datos. Sin embargo, las aplicaciones de aprendizaje sin supervisión están limitadas en los tipos de conclusiones que pueden extraer. Para la mayoría de las aplicaciones de aprendizaje automático en las que desea utilizar variables de entrada para predecir un resultado, deberá realizar un aprendizaje supervisado.

El aprendizaje supervisado requiere un conjunto de datos etiquetado con las respuestas correctas. Una manera simple de pensarlo es que el algoritmo hará una suposición, y luego usará la etiqueta para verificar su respuesta. Si obtiene la respuesta correcta, el algoritmo sabe aumentar el peso que le da a los factores que contribuyeron a la respuesta correcta. Si la respuesta es incorrecta, el algoritmo disminuirá o ajustará el peso que da a los factores que produjeron la respuesta incorrecta.

Por supuesto, el desafío es que la mayoría de los datos no están etiquetados. Las empresas y los gobiernos recopilan una enorme cantidad de datos cada año, pero esos datos no vienen convenientemente con las respuestas. (Si lo hiciera, ¡no habría mucho uso para el aprendizaje automático o las estadísticas predictivas!) Antes de que podamos entrenar un algoritmo de aprendizaje supervisado, debemos agregar etiquetas a los datos sin procesar para que sean útiles.

Por ejemplo, un algoritmo podría estar funcionando en visión artificial y lo necesitamos para identificar correctamente las señales de alto. Es posible que tengamos un montón de imágenes, pero necesitamos revisar y etiquetar si hay o no una señal de alto en cada una de las imágenes.

El etiquetado de datos puede ser una de las partes más costosas y que requieren más tiempo del entrenamiento de un algoritmo de aprendizaje automático. También existe el riesgo de que un etiquetado deficiente o inexacto pueda introducir sesgos en el conjunto de datos de capacitación y comprometer todo el proyecto.

Si los datos aún no tienen etiquetas, generalmente hay dos formas de agregar esas etiquetas.

DATOS CON ETIQUETAS HUMANAS

A menudo, usamos el aprendizaje automático para enseñar a las computadoras a realizar tareas en las que los humanos somos intuitivamente buenos. El ejemplo de la señal de stop es bueno. Cuando vemos una forma octogonal, roja con STOP, sabemos lo que estamos viendo. Nuestros cerebros son excelentes para entender el contexto. Incluso si no podemos ver la señal completa, tiene grafiti o está en un ángulo extraño, aún podemos identificar una señal de alto cuando la vemos. Las máquinas no pueden hacer eso intuitivamente.

Como tal, a menudo la mejor manera de etiquetar conjuntos de datos es que los humanos lo hagan. Los científicos de datos emplean personas reales para buscar conjuntos de datos completos y hacer el trabajo que eventualmente la computadora aprenderá a hacer. Podría ser identificar señales de alto en fotos, estimar distancias, leer palabras, reconocer expresiones faciales, interpretar mapas o incluso hacer juicios estéticos o éticos. Se debe argumentar que el etiquetado de datos podría ser el nuevo trabajo de la era de la IA. La demanda de etiquetadoras será tan grande como cada nueva aplicación ML requiere un conjunto de datos de capacitación.

Los etiquetadores humanos son excelentes en estas tareas. Sin embargo, en comparación con las computadoras, son lentas. Pagar a personas reales para etiquetar datos también es costoso, prohibitivamente para algunos casos de uso. Como ya hemos cubierto anteriormente, los humanos también son parciales. Si una etiquetadora o grupo de etiquetadoras tiene un sesgo, entonces ese sesgo probablemente aparecerá en el modelo final.

Una consideración adicional es que a veces los humanos no son tan buenos para etiquetar. Pueden juzgar mal o sacar conclusiones precipitadas. Como humanos, confiamos demasiado en nuestras propias opiniones, a veces a expensas de la verdad objetiva. Cuando implementamos el aprendizaje automático en casos de uso más matizados, estas son todas las consideraciones que debemos tener en cuenta.

Dicho todo esto, los humanos seguimos siendo los mejores etiquetadores de datos que tenemos. Sin embargo, ahora también se intenta que las computadoras participen en la parte de etiquetado del aprendizaje automático.

DATOS SINTÉTICOS

Los datos sintéticos son un campo emergente en el aprendizaje automático. La idea básica es utilizar una computadora para generar conjuntos de datos etiquetados desde cero.

Tome nuestro problema de señal de stop, por ejemplo. Podríamos modelar una señal de stop en un entorno 3D CGI. Luego, podríamos renderizar imágenes de esa señal de stop CGI en diferentes fondos, ángulos y condiciones de iluminación. El conjunto de datos resultante tendría una gran cantidad de variación que podríamos controlar. Ya estaría etiquetado en función de si la señal de stop apareció en la imagen renderizada.

Este enfoque es emocionante porque nos permite crear conjuntos de datos complejos muy rápidamente. Vienen pre-etiquetados y formateados para ser alimentados a un algoritmo. También sabemos que las etiquetas son objetivamente correctas. Podemos medir varias variables en el conjunto de datos sintéticos con alta precisión.

Por supuesto, también hay inconvenientes. El mayor desafío es la transferencia de dominio. Estas representaciones de imágenes y otros tipos de datos sintéticos deben tener fidelidad a la palabra real. En última instancia, el objetivo es que el modelo de aprendizaje automático funcione en el mundo real. El temor es que, si lo entrenamos en datos generados por computadora, entonces el modelo puede ser bueno para reconocer las señales de stop, pero no las reales. Resolver estos problemas de fidelidad y transferencia de dominio es un gran desafío para los defensores de los datos sintéticos.

Los datos sintéticos pueden no ser necesariamente más baratos que los datos etiquetados por humanos, tampoco. Crear un conjunto de datos sintéticos requiere un alto nivel de experiencia. Pagar a dichos expertos implicaría una inversión importante por adelantado. Tal enfoque probablemente solo tenga sentido cuando necesite miles de puntos de datos, ya que un evento de generación de datos sintéticos puede escalar mucho más fácilmente que los datos etiquetados por humanos.

Finalmente, los datos sintéticos no pueden ayudar con las etiquetas que son inherentemente humanas, como la estética o la ética. En última instancia, es probable que terminemos con una combinación de datos sintéticos y humanos etiquetados para el aprendizaje supervisado.

Capítulo 3. Elegir o escribir un algoritmo ML

Este capítulo podría volverse muy desordenado y confuso muy rápidamente. Esto se debe a que los algoritmos de aprendizaje automático se basan en estadísticas y matemáticas complejas para impulsar sus resultados. Para comprender realmente los algoritmos de ML, deseará estudiar el aprendizaje supervisado / no supervisado, el análisis de datos topológicos, los métodos de optimización, las estrategias de reducción de dimensionalidad, la geometría diferencial computacional y las ecuaciones diferenciales. Sin embargo, dado que este es un libro para principiantes y de ninguna manera soy un experto en algoritmos de aprendizaje automático, evitaré las matemáticas y haré todo lo posible para explicarlas de manera simple.

Hay programas de doctorado completos sobre el tema de los algoritmos de aprendizaje automático. Podrías pasar años convirtiéndote en un experto en este campo, por lo que no hay forma posible de que lo explique todo en un capítulo de libro de todos modos. Dicho esto, si los contenidos de este capítulo le interesan, obtener un doctorado en aprendizaje automático podría ser rentable. Las compañías tecnológicas están obteniendo doctorados y ofreciéndoles salarios de $ 300k- $ 600k para escribir los algoritmos para las mejores y más nuevas aplicaciones de aprendizaje automático.

No tengo un doctorado en aprendizaje automático y, de todos modos, si estás leyendo este libro, probablemente seas un principiante en los conceptos. Entonces, echemos un vistazo a las funciones más básicas de un algoritmo de aprendizaje automático, sin entrar en las matemáticas.

CONCEPTOS BÁSICOS

Ya hemos cubierto los fundamentos de cómo funciona el aprendizaje automático. Ahora, profundicemos un poco más en lo que hace exactamente un algoritmo con los datos. Cada algoritmo es diferente, pero hay algunos puntos en común entre ellos:

- Entradas: todos los algoritmos necesitan algún tipo de datos de entrada. En aplicaciones de ciencia de datos que podrían ser tan pequeñas como una sola variable. Sin embargo, lo más probable es que el modelo aprenda la relación entre decenas, cientos o incluso miles de variables en cualquier momento.

  Para aplicaciones más complejas, como la visión por computadora, necesitamos formas de convertir la información visual en variables que la computadora pueda entender. Existen diferentes enfoques según el contexto y el problema que intente resolver. No es necesario decir que incluso ingresar datos a un algoritmo puede ser complicado, incluso antes de que la máquina aprenda.

Elegir o crear un algoritmo depende en gran medida de los datos que tiene para alimentarlo y del contexto.

- Vectores de salida: al final de cualquier proyecto de aprendizaje automático, desea algún tipo de salida. Sin embargo, no siempre está claro exactamente qué datos necesitará para satisfacer su proyecto. Elegir vectores de salida puede ser más complicado de lo que parece al principio.

  Por supuesto, para muchos proyectos el resultado será obvio dependiendo de sus objetivos. Sin embargo, a medida que el aprendizaje automático ingresa a áreas más matizadas y ambiguas, elegir y coordinar los resultados puede ser una tarea en sí misma. No puede elegir el algoritmo adecuado para su proyecto si no tiene una idea clara del resultado esperado.

- Ajuste: los algoritmos de aprendizaje automático utilizan bucles de retroalimentación para ajustar un modelo a los datos. Esto puede suceder de diferentes maneras. A veces, un algoritmo probará una combinación aleatoria de factores hasta que uno comience a funcionar, y esa combinación recibirá un mayor peso en futuras

pruebas de entrenamiento. Otras veces, el algoritmo tiene un método incorporado para encontrar y ajustar una tendencia en los datos que se ajusta gradualmente con el tiempo.
Aquí es donde los científicos de datos deben tener cuidado.

- A veces, un algoritmo aprende a ajustar sus datos de entrenamiento demasiado bien. Es decir, el modelo se ha vuelto demasiado específico para los datos en los que fue entrenado y ya no predice tendencias o clasificaciones generales en el mundo real. En esencia, el algoritmo ha aprendido sus datos de entrenamiento demasiado bien. Esto se llama "sobreajuste" y es un concepto importante para entender en el aprendizaje automático. Cuando los científicos de datos entrenan modelos, tienen que asegurarse de que sus modelos caminan una línea muy fina entre hacer predicciones específicas y ser precisos en general. Los científicos de datos pasan mucho tiempo pensando y ajustando sus algoritmos para mitigar el sobreajuste. Sin embargo, también prueban múltiples algoritmos a la vez uno al lado del otro para ver cuáles funcionan mejor después del entrenamiento.
Una parte clave de elegir o escribir un algoritmo es comprender cómo el algoritmo se ajusta con el tiempo en respuesta a los datos de

entrenamiento. Estos bucles de retroalimentación son a menudo donde las matemáticas complejas entran en juego para ayudar al algoritmo a decidir qué factores contribuyeron a su éxito y, por lo tanto, deberían tener una mayor ponderación. También ayudan al algoritmo a determinar cuánto aumentar o disminuir el peso de un factor contribuyente.

Tipos de Algoritmos Populares

Bien, hemos cubierto una descripción general de cómo funciona un algoritmo. Veamos algunos de los más populares para obtener detalles más específicos sobre cómo funciona cada uno.

Regresión Lineal

Este es un algoritmo simple que se basa en conceptos enseñados en la mayoría de las clases de Estadísticas 101. La regresión lineal es el desafío de ajustar una línea recta a un conjunto de puntos. Esta línea intenta predecir la tendencia general de un conjunto de datos y puede usar la línea para hacer una predicción de probabilidad de nuevos puntos de datos.

Existen múltiples enfoques para la regresión lineal, pero cada uno de ellos está enfocado en encontrar la ecuación de una línea recta que se ajuste a los datos de entrenamiento. A medida que agrega más datos de entrenamiento, la línea se ajusta para minimizar la distancia desde todos los puntos de datos. Como tal, la regresión lineal funciona mejor en conjuntos de datos muy grandes.

Este es un tipo de algoritmo bastante simple, pero una de las máximas claves del aprendizaje automático es no utilizar un algoritmo complejo en el que uno simple funcione igual de bien.

Regresión Logística

Si la regresión lineal era una línea recta en un plano 2D, la regresión logística es su hermano mayor que usa líneas curvas en un área multidimensional. Es mucho más poderoso que la regresión lineal, pero también es más complejo.

La regresión logística puede manejar más de una variable explicativa. Es un algoritmo de clasificación, y sus salidas son binarias (una escala de 0 a 1). Como resultado, modela la probabilidad (por ejemplo, ".887" o ".051") de que la entrada es parte de una clasificación dada. Si lo aplica a varias clasificaciones, obtendrá la probabilidad de que el punto de datos pertenezca a cada clase. El mapeo de estas probabilidades le proporciona una curva no planar multi-plano conocida como "sigmoide". La regresión logística es el algoritmo más simple para aplicaciones no lineales.

ÁRBOLES DE DECISIÓN

Si ha visto un diagrama de flujo, entonces comprende la idea básica detrás de un árbol de decisión. El árbol establece un conjunto de criterios, si el primer criterio es un "sí", entonces el algoritmo se mueve a lo largo del árbol en la dirección sí. Si es un "no", el algoritmo se mueve en la otra dirección. Los algoritmos del árbol de decisiones ajustan los criterios y las posibles respuestas hasta que den una buena respuesta de manera consistente.

En el aprendizaje automático moderno, es raro ver un solo árbol de decisión. En cambio, a menudo se incorporan a otros árboles simultáneamente para construir algoritmos de toma de decisiones eficientes.

BOSQUE AL AZAR

El bosque aleatorio es un tipo de algoritmo que combina múltiples árboles de decisión. Introduce el concepto de un "alumno débil" al algoritmo. Básicamente, un alumno débil es un predictor que funciona mal por sí solo, pero cuando se usa en concierto con otros alumnos débiles, la sabiduría de las multitudes produce un buen resultado.

Los árboles de decisión implementados al azar son los alumnos débiles en un bosque aleatorio. Cada árbol de decisión aprende como parte de la implementación del algoritmo. Sin embargo, un predictor fuerte general también está aprendiendo cómo combinar los resultados de los diversos árboles.

Agrupamiento K-Means

Este es un algoritmo de aprendizaje no supervisado que intenta agrupar los datos en k número de grupos. Aunque no está supervisado, el científico de datos necesita proporcionar una dirección al comienzo. Establecerán imágenes o puntos de datos que deberían ser el centro de cada grupo. En otras palabras, los puntos de datos que son arquetípicos de lo que representa el clúster. Durante el curso de capacitación, todas las imágenes o puntos de datos se asocian con el grupo al que están más cercanos. Finalmente, estos puntos de datos convergen con sus grupos apropiados.

Existen otros métodos más rápidos o más optimizados para la agrupación no supervisada. Sin embargo, K-means sigue siendo popular porque está bien establecido, documentado y, en general, es efectivo.

K-Nearest Vecinos

Vecinos K-Nearest (KNN) es un algoritmo de clasificación. Comparte algunas similitudes con K-Means Agrupamiento, pero es fundamentalmente diferente porque es un algoritmo de aprendizaje supervisado mientras que K-Means no está supervisado. De ahí la ligera diferencia en la terminología del agrupamiento a la clasificación. KNN se capacita utilizando datos etiquetados para que pueda etiquetar datos futuros. K-Means solo puede intentar agrupar puntos de datos.

KNN compara nuevos puntos de datos con los puntos de datos existentes del conjunto de datos de entrenamiento etiquetado. Luego busca los "vecinos más cercanos" a esos nuevos datos y asocia esas etiquetas.

ANÁLISIS DE COMPONENTES PRINCIPALES

El análisis de componentes principales (PCA) reduce un conjunto de datos a sus principales tendencias. Es un algoritmo no supervisado que usaría en un conjunto de datos muy grande para comprender los datos en términos más simples. Reduce las dimensiones de sus datos. Sin embargo, también se centra en una gran variación entre las dimensiones (o componentes principales) para que no pierda el comportamiento del conjunto de datos original.

LO QUE SE NECESITA PARA ESCRIBIR UN ALGORITMO NOVEDOSO

Hemos cubierto algunos de los principales algoritmos y hay varios más que constituyen el núcleo de la teoría del aprendizaje automático. Más allá de estos algoritmos centrales, sin embargo, es raro que alguien invente algo realmente nuevo. Por lo general, los nuevos algoritmos son mejoras sobre las teorías existentes. O bien, personalizan un algoritmo para usar en un nuevo escenario.

Parte de la razón por la cual los nuevos algoritmos rara vez se inventan es porque es realmente difícil. Crear un algoritmo requiere una gran comprensión de las matemáticas complejas. También requiere pruebas y pruebas exhaustivas. Además, los algoritmos obvios y obvios ya se han inventado.

Pero eso no es todo. Los buenos algoritmos son efectivos y eficientes, una combinación difícil de concretar. El aprendizaje automático es un problema computacional con miles de puntos de datos tanto como es un problema matemático. Los algoritmos de depuración también pueden ser muy difíciles, ya que no es sencillo dónde las cosas salieron mal.

Siempre que sea posible, un proyecto de aprendizaje automático debe aplicar algoritmos probados y revisados existentes. Codificar sus propios algoritmos desde cero o improvisar un enfoque híbrido está mal visto porque puede introducir errores, resultados lentos o tener errores.

A veces, los desarrolladores y científicos de datos necesitarán ajustar o implementar un algoritmo existente en un nuevo contexto. O tal vez un algoritmo existente no sea lo suficientemente rápido para una aplicación deseada. Sin embargo, la mayoría de las aplicaciones de aprendizaje automático pueden usar los algoritmos y bibliotecas existentes de manera efectiva sin tener que codificar desde cero.

CAPÍTULO 4. ENTRENAMIENTO Y DESPLIEGUE DE UN ALGORITMO

Este es el paso donde ocurre el aprendizaje automático real. Después de preparar el conjunto de datos, los científicos de datos seleccionan varios algoritmos similares que creen que podrían funcionar para realizar la tarea en cuestión. Ahora, el desafío es entrenar esos algoritmos en el conjunto de datos y comparar los resultados.

A menudo, puede ser difícil determinar qué algoritmo funcionará mejor para una aplicación de aprendizaje automático antes de comenzar. Por esa razón, la mejor práctica es entrenar múltiples algoritmos al principio, seleccionar uno o algunos que funcionen mejor y luego ajustar esos algoritmos hasta que obtenga un modelo que funcione mejor para sus necesidades.

Cuando decimos "mejor" eso podría significar múltiples cosas. Por supuesto, queremos que el modelo haga predicciones precisas, por lo que la precisión es un componente importante. Sin embargo, si el modelo requiere muchos recursos o tiempo para obtener esos resultados, entonces puede tener más sentido elegir un algoritmo más simple. Obtendremos resultados ligeramente menos precisos, pero llegarán mucho más rápido.

PROGRAMACIÓN INVOLUCRADA

El aprendizaje automático se encuentra en la intersección de las estadísticas, el cálculo y la informática. Como estamos tratando con máquinas, naturalmente tendremos que escribir instrucciones de aprendizaje automático en un lenguaje de programación. Con el creciente interés en ML, se está convirtiendo rápidamente en un área enorme de crecimiento para los nuevos desarrolladores de software. Las habilidades en el aprendizaje automático son muy valiosas

Hasta ahora, no hemos hablado sobre los lenguajes de programación y los enfoques que usan los desarrolladores para codificar y crear sus aplicaciones de aprendizaje automático. Esta sección será solo una breve descripción de los principales jugadores.

Python es, con mucho, el lenguaje más popular para crear aplicaciones de aprendizaje automático. También es el idioma preferido en las encuestas de desarrolladores sobre aprendizaje automático. Una gran parte del éxito de Python es su simplicidad en comparación con otros lenguajes de programación. Además, la biblioteca de código abierto de algoritmos de aprendizaje automático de Google, Tensor Flow, está basada en Python. Los recursos y la comunidad son fuertes para las aplicaciones de aprendizaje automático creadas en Python.

Java y C / C ++ siguen a Python por un amplio margen de popularidad. Son idiomas más antiguos y permiten una optimización de nivel inferior del entorno donde se ejecutará el algoritmo. Java y C / C ++ se utilizan en muchas aplicaciones, no solo en el aprendizaje automático. Esto significa que hay muchos desarrolladores que entienden estos idiomas. Hay algunas bibliotecas de aprendizaje automático para estos idiomas, aunque nada en la escala de Tensor Flow.

R es otro lenguaje de programación que a menudo entra en la conversación de aprendizaje automático. Es un lenguaje especializado diseñado para aplicaciones de ciencia de datos. Si bien R ciertamente tiene su lugar en el aprendizaje automático, es raro que un proyecto elija R como su idioma principal o preferido. En cambio, es más un lenguaje complementario a los mencionados anteriormente.

Por supuesto, es posible escribir código de aprendizaje automático en muchos idiomas diferentes. Hay otros idiomas que se especializan en ciertas áreas de estadística, ciencia de datos o modelado. Julia, Scala, Ruby, Octave, MATLAB y SAS son opciones que surgen ocasionalmente en proyectos de aprendizaje automático. Sin embargo, estos idiomas son las excepciones más que la regla.

ESTÁTICO VS DINÁMICO

Una vez que haya elegido un lenguaje de programación e instalado una biblioteca para ayudarlo a implementar los algoritmos que desea ejecutar, estará listo para comenzar a entrenar sus algoritmos.

Hay dos tipos de entrenamiento de aprendizaje automático. El primero es el entrenamiento estático que recibe entrenamiento fuera de línea y luego termina de aprender hasta que los científicos de datos inicien una nueva sesión de entrenamiento. El segundo es un entrenamiento dinámico donde el modelo continúa aprendiendo en producción, indefinidamente.

Los modelos estáticos son mucho más fáciles de construir. También son más fáciles de probar para la precisión y tienden a encontrarse con menos problemas en la implementación. Si sus datos no cambian con el tiempo, o cambian muy lentamente, un modelo estático es el camino a seguir, ya que es más barato y más fácil de mantener.

Los modelos dinámicos requieren mucho más trabajo para implementar. También requieren un monitoreo constante de los datos entrantes para asegurarse de que no sesgue de manera inapropiada el modelo. Dado que los modelos dinámicos se adaptan a los datos cambiantes, son mucho mejores para predecir cosas como los mercados o el clima, donde los patrones cambian constantemente.

INGENIERA DE SINTONIZACIÓN Y FUNCIONES

El trabajo de un científico de datos no se detiene con elegir un puñado de algoritmos y dejarlos correr. Para obtener un rendimiento óptimo, la persona que programa el algoritmo debe establecer los parámetros de entrada que entrarán en el algoritmo. Dado que los problemas de aprendizaje automático a menudo son complejos, puede ser difícil decidir qué parámetros son relevantes y cuántos incluir.

Probar diferentes combinaciones de parámetros y refinar la mejor combinación se conoce como ajuste de algoritmo. No hay una respuesta correcta absoluta aquí. En cambio, cada trabajo de ajuste es una cuestión de hacer coincidir el algoritmo con el contexto en el que se está implementando.

Otro concepto relacionado con el ajuste es la ingeniería de características. A veces, como en el caso del reconocimiento de imágenes, alimentar una computadora con un flujo de datos no es suficiente para que tenga sentido lo que está viendo. Si bien el aprendizaje profundo y las redes neuronales han progresado en el frente de las computadoras aprendiendo de las imágenes, la ingeniería de características es una forma práctica de decirle a una computadora qué buscar. Puede diseñar una función que ayude a una computadora a identificar una línea recta o el borde de un objeto. Dado que codificó manualmente esa función, técnicamente no es aprendizaje automático, pero ahora la máquina sabe qué buscar.

Las características de ingeniería pueden aumentar drásticamente el rendimiento.

TIRANDO UN ALGORITMO

Si todo va bien, entonces el resultado es un modelo que ha aprendido a hacer predicciones, agrupaciones o clasificaciones con precisión en sus datos.

Sin embargo, el lado oscuro del aprendizaje automático son los algoritmos que no funcionan. En este momento hay mucho tiempo y dinero para las aplicaciones de aprendizaje automático. Desafortunadamente, muchas de estas aplicaciones terminarán siendo malas.

Quizás los algoritmos fueron mal elegidos o implementados. Lo más probable es que el proyecto no tenga suficiente o el tipo correcto de datos para tener éxito. No se informa con qué frecuencia fallan los proyectos de aprendizaje automático.

Lo frustrante es que puede ser difícil saber por qué su proyecto está fallando. Podría tener toneladas de datos y probar y ajustar muchos algoritmos en vano. Esto es especialmente cierto con problemas complejos o algoritmos que implementan redes neuronales de varias capas o bosques aleatorios. Es difícil decir dónde fueron las cosas mal. A veces, los científicos de datos invierten mucho tiempo en un proyecto, solo para descubrir que necesitan tirar todo y comenzar de nuevo con más datos nuevos o diferentes.

Puede parecer una sección extraña para incluir en un libro que es tan optimista sobre el aprendizaje automático. Sin embargo, creo que es importante resaltar el hecho de que todavía hay mucho que no sabemos sobre la creación y el uso de proyectos de aprendizaje automático. Los proyectos fallan todo el tiempo y arreglarlos es difícil. Esa es una realidad importante del aprendizaje automático. Es fundamental que reconozcamos que el hecho de que un modelo de aprendizaje automático produzca una respuesta no significa que siempre sea correcto o incontrovertible.

Debemos respetar y admirar el aprendizaje automático como herramienta. Pero al final, es solo eso: una herramienta.

Capítulo 5. Aplicaciones del mundo real del aprendizaje automático

Ahora que tiene una comprensión básica de cómo funciona el aprendizaje automático, es interesante echar un vistazo a ejemplos cotidianos de aprendizaje automático que tal vez ni siquiera haya reconocido.

Transportación

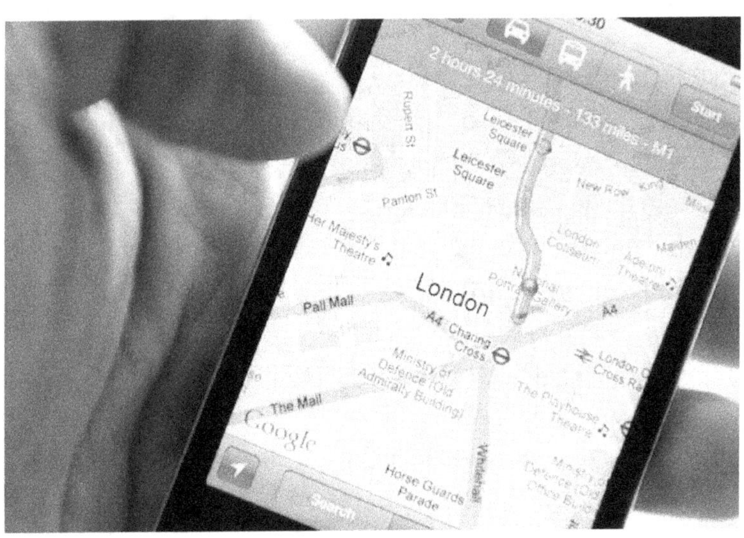

Cuando abre Google Maps para obtener indicaciones, está utilizando un modelo dinámico de aprendizaje automático. Utiliza datos anónimos de teléfonos celulares de los conductores en su área para obtener tiempos de viaje para varias rutas. El modelo también integra datos de Waze sobre cierres de carreteras, accidentes y otros informes de usuarios. Juntos, el modelo predice la ruta más rápida y el tiempo estimado de llegada en función de la información en tiempo real.

Lyft y Uber se basan en estos datos con sus propios algoritmos de aprendizaje automático que impulsan el cálculo dinámico de precios y tarifas. También le informan qué tan pronto esperará un conductor y cuándo es probable que llegue a su destino, incluso teniendo en cuenta la recogida y el enrutamiento de otras personas en el caso de las opciones de viaje compartido de Uber Pool o Lyft Line.

Estos mismos cálculos de enrutamiento, logística y llegada también se aplican en camiones de larga distancia, envíos e incluso navegación de aviones. Los modelos ayudan a predecir la forma más rápida y segura de transportar mercancías y personas al tiempo que maximizan la eficiencia.

RECOMENDACIÓN DE PRODUCTOS

Básicamente, cada vez que una empresa le hace una recomendación en línea, puede suponer que un algoritmo de aprendizaje automático ayudó a hacer esa predicción. Amazon sabe en qué productos puede estar interesado en función de lo que ha visto y comprado antes. Netflix sabe qué películas disfrutarías porque aprende de todas las películas que has visto antes.

Customers who bought this item also bought

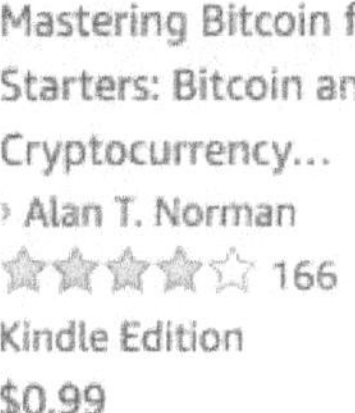

Mastering Bitcoin for
Starters: Bitcoin and
Cryptocurrency...
› Alan T. Norman
⭐⭐⭐⭐☆ 166
Kindle Edition
$0.99

Blockchain Technology
Explained: The Ultimate
Beginner's Guide About...
› Alan T. Norman
⭐⭐⭐⭐☆ 76
#1 Best Seller in
Virtualization
Kindle Edition
$0.99

Esto va más allá de servir recomendaciones personalizadas, también se aplica a la publicidad. Facebook conoce una gran cantidad de datos personales sobre usted y está utilizando esos datos para personalizar qué anuncios le muestran. Lo mismo puede decirse de YouTube, Twitter, Instagram y todas las demás redes sociales.

Además, Google utiliza su información personal para personalizar los resultados que recibe cuando realiza una búsqueda. Por ejemplo, es más probable que recomiende negocios locales en su ciudad o artículos de sitios web o escritores que haya visitado anteriormente. Al igual que las redes sociales, Google también está personalizando sus anuncios para usted. ¿No me crees? Realice una búsqueda en Google en su navegador y luego realice la misma búsqueda en una ventana de incógnito en su navegador (elimina las cookies y la información de inicio de sesión). Para la mayoría de las búsquedas, especialmente los temas que investigó antes, verán que obtiene resultados diferentes.

Incluso el aprendizaje automático en persona cambiará la forma en que compramos productos. Los principales minoristas están buscando aplicaciones de visión por computadora que identifiquen lo que ya tiene en su cesta y puedan hacer recomendaciones. Otros sistemas están utilizando el reconocimiento facial para identificar cuándo los clientes están perdidos o confundidos, y pueden notificar a un empleado para que lo ayude. Estos sistemas todavía están en su infancia, pero representan las formas en que el aprendizaje automático se está integrando con todos los aspectos de la vida, incluidas las interacciones entre humanos.

FINANCIAMIENTO

Cada banco importante está utilizando el aprendizaje automático para ayudar a simplificar sus operaciones. En tecnología regulatoria, los algoritmos de aprendizaje automático pueden ayudar a los bancos a identificar si sus procesos y documentación cumplen con los estándares gubernamentales. Otros algoritmos de aprendizaje automático predicen las tendencias del mercado o proporcionan información sobre inversiones.

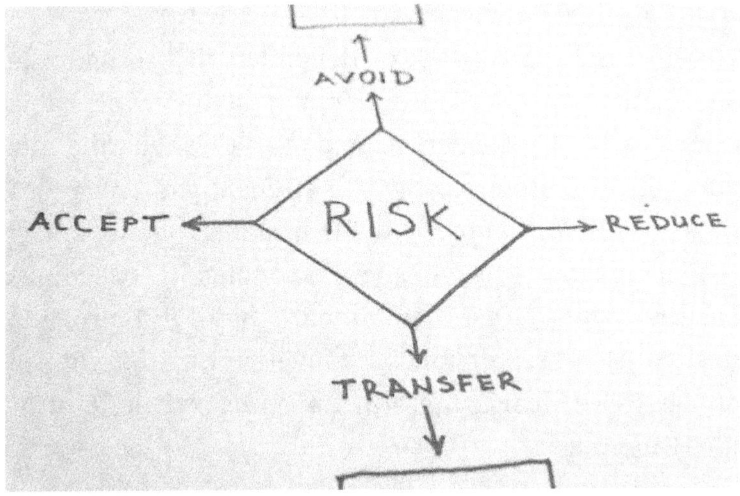

Para las solicitudes de préstamos o líneas de crédito, el aprendizaje automático puede ayudar a los bancos a predecir el riesgo de prestar a un cliente determinado. Estos modelos pueden sugerir términos y tarifas individualizados para el solicitante. En la banca, el reconocimiento de caracteres con tecnología ML permite depositar un cheque con la cámara de su teléfono inteligente. El aprendizaje automático también puede detectar y evitar que se borren transacciones fraudulentas en su cuenta.

ASISTENTES DE VOZ, VIVIENDAS INTELIGENTES Y COCHES

Los gustos de Siri y Alexa dependen del aprendizaje automático para comprender y responder al habla humana. La IA conversacional es la vanguardia del aprendizaje automático y el entrenamiento de redes neuronales. Nos hemos vuelto bastante buenos en el reconocimiento de voz y respondiendo preguntas básicas como "¿Qué tiempo hará hoy?". El próximo desafío es conseguir una IA conversacional que pueda hablar sobre música, literatura, eventos actuales u otras ideas complejas.

El papel de la voz solo continuará expandiéndose en los próximos años a medida que dependamos cada vez más de nuestros asistentes personales. Esto es especialmente poderoso cuando se combina con el movimiento hacia hogares inteligentes y vehículos autónomos. Es posible imaginar un futuro en el que pueda controlar cada aspecto de su hogar y transporte de forma intuitiva hablando con un asistente de voz. A su vez, cada uno de estos sistemas, como termostatos inteligentes, sistemas de seguridad inteligentes y automóviles autónomos, utilizan sus propios algoritmos de aprendizaje automático para realizar las tareas que les exigimos.

CONCLUSIONES

Por supuesto, hay toneladas de otros casos de uso para el aprendizaje automático en atención médica, fabricación, agricultura y en cualquier otro lugar de nuestras vidas. El aprendizaje automático es útil en cualquier lugar donde haya datos y necesitamos ayuda para comprender, predecir o usar esos datos.

El aprendizaje automático es poderoso y seguirá ganando protagonismo en nuestra vida diaria. Como tal, es importante que todos tengan una comprensión básica de cómo funciona, las fallas potenciales y las enormes oportunidades. Con suerte, esta guía rápida para principiantes ha proporcionado una base sólida para el profano interesado en lo básico.

Dicho esto, ¡hay mucho más en el aprendizaje automático que no se trata en este libro! Hay excelentes recursos disponibles en línea e impresos para ampliar aún más su conocimiento de esta importante tecnología. Espero que este sea solo el comienzo de su viaje de aprendizaje automático.

Gracias por leer.

SOBRE EL AUTOR

Alan T. Norman es un pirata informático orgulloso, inteligente y ético de la ciudad de San Francisco. Después de recibir una Licenciatura en Ciencias en la Universidad de Stanford. Alan ahora trabaja para una empresa de tecnología de la información de tamaño medio en el corazón de SFC. Aspira a trabajar para el gobierno de los Estados Unidos como hacker de seguridad, pero también le encanta enseñar a otros sobre el futuro de la tecnología. Alan cree firmemente que el futuro dependerá en gran medida de los "geeks" informáticos tanto para la seguridad como para el éxito de las empresas y los futuros trabajos por igual. En su tiempo libre, le encanta analizar y analizar todo sobre el juego de baloncesto.

BITCOIN WHALES BONUS BOOK

ENCUENTRE EL ENLACE AL BONO LIBRO A CONTINUACIÓN

Link on Book: http://bit.ly/2LprwpV

Otros libros por Alan T. Norman:

Dominio De Bitcoin Para Principiantes

https://geni.us/domino-de-bitcoin

Criptocomercio Pro

Hacking: Computer Hacking Beginners Guide
(www.amazon.com/dp/B01N4FFHMW)

Hacking: How to Make Your Own Keylogger in C++
Programming Language

HACKED: Kali Linux and Wireless Hacking Ultimate Guide

(https://www.amazon.com/dp/B0791WSRNZ)

UNA ÚLTIMA COSA...

¿DISFRUTASTE DEL LIBRO?

¡SI ES ASÍ, ENTONCES HÁGALO SABER DEJANDO UNA REVISIÓN EN AMAZONIA! Las reseñas son el alma de autores independientes. Agradecería incluso unas pocas palabras y calificación si eso es todo lo que tiene tiempo para.

SI NO TE GUSTA ESTE LIBRO, ¡POR FAVOR DÍGAME! ¡Envíeme un correo electrónico a alannormanit@gmail.com y hágame saber lo que no le gustó! Quizás pueda cambiarlo. En el mundo de hoy, un libro no tiene que estar estancado, puede mejorar con el tiempo y los comentarios de lectores como usted. Puede impactar este libro, y agradezco sus comentarios. ¡Ayuda a mejorar este libro para todos!